SCIENCE ET RELIGION
Études pour le temps présent
SÉRIE HISTORIQUE
publiée sous les auspices de la Société Bibliographique

L'ÉGLISE

ET

LE RACHAT DES CAPTIFS

PAR

Paul DESLANDRES
Archiviste-paléographe

PARIS
LIBRAIRIE B. BLOUD
4, RUE MADAME ET RUE DE RENNES, 59
1902

SOCIÉTÉ BIBLIOGRAPHIQUE

ET DES PUBLICATIONS POPULAIRES
5, rue Saint-Simon, Paris, VII°

But de la Société. -- La Société Bibliographique a pour but de réunir tous les hommes d'intelligence et de cœur, désireux de mettre en commun leurs efforts au service de la Religion et de la Science.

A cet effet, elle favorise la création de *bibliothèques*, de *cabinets de lecture, la publication d'ouvrages pour les classes dirigeantes et pour les classes populaires*, ouvre *des conférences scientifiques, littéraires et sociales* ; elle signale tous les mois, dans le **Polybiblion** (*Revue bibliographique universelle*), les ouvrages parus en France et à l'Etranger ; enfin elle envoie *gratuitement* à tous ses membres son **Bulletin** mensuel, qui contient une *bibliographie de livres approuvés et destinés à la création de bibliothèques populaires catholiques*.

Avantages réservés aux Sociétaires. — 1° Au point de vue moral : les Sociétaires contribuent à la conservation de la Foi.

2° Au point de vue intellectuel : *Renseignements bibliographiques ; prêts de revues de la Bibliothèque de la Société* ; droit aux prêts d bibliothèques renouvelables (*demander les notices spéciales*).

3° Au point de vue matériel : la Société assure à ses membi des avantages tels qu'ils rentrent, et au-delà, dans le mont de leur cotisation.

Ses Ressources. — Elles se composent : 1° de la cotisation de t ses membres associés-correspondants, laquelle est de **10 fr.** an ; on peut s'en exonérer moyennant le versement d'une de **150 fr.** une fois payée.

2° Des apports des membres titulaires, qui sont de la somi **100 fr.** *au moins* une fois payée. (Ce versement n'exempte pas d la cotisation annuelle de 10 fr., mais il donne droit à être éligible comme membre du Conseil de la Société).

3° Des dons extraordinaires qui lui sont faits.

Résultats obtenus. — La Société Bibliographique est arrivée à inscri e sur ses listes plus de *neuf mille cinq cents sociétaires* ; chaque année elle fait de nombreux envois de livres pour bibliothèques catholiques et pour distributions de prix aux enfants de nos écoles libres.

Pour plus amples renseignements, s'adresser directement *à la Société, 5, rue Saint Simon.*

L'ÉGLISE ET LE RACHAT DES CAPTIFS

SCIENCE ET RELIGION
Études pour le temps présent
SÉRIE HISTORIQUE
publiée sous les auspices de la Société Bibliographique

L'ÉGLISE

ET

LE RACHAT DES CAPTIFS

PAR

Paul DESLANDRES

Archiviste-paléographe

PARIS
LIBRAIRIE B. BLOUD
4, RUE MADAME ET RUE DE RENNES, 59

1902

AVANT-PROPOS

Des études poursuivies depuis quelques
années sur l'ordre de la Trinité, fondé par le
rachat des captifs, m'ont conduit à étendre un
peu les limites de mon sujet. Il y a lieu en effet
de mentionner des ordres religieux autres que
les Pères de la Rédemption proprement dits, et
dont le rachat des captifs a été l'objectif au
moins accessoire.

Pour ne pas disperser l'attention du lecteur,
j'ai pris comme centre de cette étude la ville
d'Alger, sur laquelle nous sommes particulièrement bien renseignés.

L'ÉGLISE
ET LE RACHAT DES CAPTIFS

CHAPITRE PREMIER

LE RACHAT DES CAPTIFS DANS L'ÉGLISE CATHOLIQUE JUSQU'A LA FIN DU XIIe SIÈCLE

Quoique la fondation du premier ordre religieux destiné à racheter les captifs ne date que de 1198, il est facile de prouver que, dès le principe, l'Église catholique s'était préoccupée d'arracher aux fers ceux de ses enfants que la fortune des armes ou simplement une agression subite avait jetés dans la captivité. Nous nous servirons dans ce but d'un excellent opuscule qui a pour titre : *la Tradition de l'Église pour le rachat des captifs*, publié à Rouen, en 1703, et souvent réimprimé à la suite des *Voyages de rédemption* rédigés par les Trinitaires. L'auteur, religieux de cet ordre, le P. de la Faye, a rassemblé en quelques entretiens les principaux traits de bienfaisance qui sont à l'honneur des saints en matière de rachat des captifs. Cela prouve son impartialité de n'avoir point soutenu qu'avant l'institution de son ordre on n'ait pas racheté de captifs.

Cette pieuse œuvre est toute chrétienne.

Rome abandonnait ses soldats faits prisonniers ;
on sait la dure réponse que fit le Sénat aux captifs de la bataille de Cannes. Cicéron, le premier, osa dire que c'était une libéralité fort utile
à la république de racheter les captifs. Lac-
tance, après avoir cité cette phrase, ajoute ces
mots, qui pourraient servir de devise aux Trinitaires : « Celui-là seul qui rend service à un
inconnu est digne de louange (1). » On sait l'in-
dignation d'Horace contre les captifs romains
trop soumis aux lois des Parthes et auxquels il
oppose la belle légende de Régulus.

Les invasions barbares et les guerres ayant
multiplié le nombre des captifs, les premiers
chrétiens se préoccupèrent aussitôt du sort de
ceux-ci. Un chapitre des *Constitutions Apostoliques* fait un devoir aux évêques d'employer
l'argent amassé par le travail des fidèles au rachat des prisonniers. Le pape Gélase (492-496)
recommande aux évêques de faire une part pour
les clercs, une autre pour les pauvres et la
troisième pour les captifs. C'est déjà la division
que prescrira la règle Trinitaire.

Saint Cyprien, dont l'admirable lettre a été
partout citée (2), envoie aux évêques de Numi-
die 100.000 sesterces, en leur transmettant les
noms des fidèles qui ont participé à cette
pieuse libéralité, et ont ainsi constitué un premier essai de confrérie pour le rachat de leurs
frères.

La bonté des saints s'étendait même aux
étrangers ; Clément d'Alexandrie réprouvait
la réduction de ceux-ci en esclavage ! saint
Acace rachète des esclaves qu'il renvoie dans

(1) *Patrologie latine*, t. VI, col. 679.
(2) Voir M. WALLON, *Histoire de l'esclavage dans l'antiquité*, t. III, p. 526.

leur pays, sans doute en vue d'un espoir d'échange avec les chrétiens (1).

Les anciens conciles permettent de vendre les vases sacrés (2), pourvu que le prix en soit appliqué au rachat des captifs. Saint Ambroise reprit vertement un païen qui lui reprochait une aliénation de ce genre : « Je voudrais bien savoir, s'écria-t-il, ce que diraient ceux qui me critiquent, s'ils étaient à la place des captifs que je rachète. Dieu, qui s'est donné lui-même pour prix de la rédemption des hommes, ne m'en voudra pas de racheter les captifs avec le métal de son autel (3). »

Saint Césaire d'Arles (501-542) vendit, dans ce même but, un calice que Théodoric avait donné à son église. L'abbé Malnory, son récent historien, a relevé en plusieurs pages (4) le zèle rédempteur de ce saint prélat. Il rachète les Francs pour qu'ils ne soient pas sous l'influence religieuse des Goths ariens. Ici apparaît un remarquable souci de l'âme des captifs. Il rachète aussi toute la population d'Orange. Cinq ans après le siège d'Arles, des clercs et des abbés placés par lui étaient encore aux frontières pour recevoir les captifs. Cet exemple se communiqua même aux laïques voisins. Saint Bonnet, préfet de Marseille, interdit le commerce des esclaves et rachète ceux qu'on exposait en vente (5).

Les laïques en effet, sur qui l'Eglise avait beaucoup d'influence, secondent cette œuvre

(1) *Tradition de l'Eglise*, etc., p. 94.
(2) *Patrologie*, t. CLXXXVII, col. 899.
(3) *Tradition de l'Eglise*, etc., p. 94, 186.
(4) L'abbé Malnory, *Saint-Césaire d'Arles* (1894), p. 96-58.
(5) Morerull, *L'esclavage à Marseille* (1890), p. 156.

de miséricorde. Justinien permet au père de famille de léguer tout ou partie de sa fortune aux captifs ou à d'autres personnes non désignées plus expressément (*incertis personis*). Une des fautes qu'on reprocha le plus à un de ses successeurs, l'empereur Maurice, fut l'avarice, qui l'empêcha de racheter les captifs ; ceux-ci ayant été massacrés par les Bulgares, il s'ensuivit la sédition où il périt (1).

Tous les rédempteurs doivent céder la palme au pape saint Grégoire-le-Grand. Le décret de Grat'en lui a emprunté ses décisions sur cette œuvre de miséricorde. Plusieurs lettres nous renseignent sur des négociations de rachat. Il faut retenir celle qu'il adresse au sous-diacre Anthemius, parti en mission pour la Campanie, pays déjà illustré par le zèle rédempteur de saint Paulin de Nole. Cette lettre contient de précises indications. L'envoyé du pape rachètera d'abord les serfs de l'Église, il prendra des notes sur chaque esclave, pour pouvoir dire son âge, sa patrie, son métier, préservera les esclaves rachetés de tout péril ; il les paiera d'ailleurs le moins cher possible ; enfin il adressera au pape un rapport détaillé et en beau style. C'est absolument ce que feront les Trinitaires, à part le dernier point dont ils ont eu raison de ne pas se soucier outre mesure ; de longtemps, on ne retrouvera une pareille précision de recommandations.

Un siècle et demi après saint Grégoire, sous le pape Zacharie, raconte Anastase le Bibliothécaire, vers 747, des Vénitiens arrivèrent à Rome, achetèrent des hommes et des femmes

---

(1) *La tradition*, etc., pp 104, 110. Le même ouvrage relève justement la charité des rédempteurs trinitaires qui vont secourir leurs frères qu'ils ne connaissent pas.

pour les envoyer en Afrique chez les païens. Le Saint-Père, ayant appris cette traite, les racheta aux Vénitiens, parce qu'il lui semblait injuste que des baptisés devinssent esclaves des païens (1).

Le fameux archevêque de Reims, Ebbon, est appelé légat du Saint-Siège *pour la conversion des païens et le rachat des captifs* (2). Depuis le IX⁰ siècle, il y eut fort à faire à ce sujet, car c'est alors que les Sarrasins ont occupé la Sicile et quelques sommets de Provence dans les montagnes qui ont gardé, d'après eux, le nom de Monts des Maures. Leur chef-lieu était La Garde Freinet. C'est d'un de ces nids d'aigle qu'ils fondirent sur «l'infortuné Frère Mayeul», abbé de Cluny, qui fut ensuite délivré par ses moines (3).

Le chef de l'Europe chrétienne était alors Othon le Grand, empereur d'Allemagne; il envoya à Abdérame, émir de Cordoue, l'abbé Jean de Gorze. Celui-ci a raconté cette fameuse légation où il fut chargé de demander qu'on mit un terme à la piraterie, mais il n'obtint rien (4). L'expulsion des Sarrasins de La Garde Freinet, en 965, n'empêcha pas les brusques incursions sur le littoral.

Les conciles, tant particuliers que généraux, eurent donc ample matière à légiférer sur le rachat des captifs. Au concile de Lyon, de 583, l'évêque Priscus recommande une lettre de quête où l'on insère les supplications des captifs. De nombreuses pénalités sont portées contre leurs injustes ravisseurs. Un concile anglais,

(1) *Liber pontificalis*, t. I⁰ʳ, p. 433.
(2) *Patrologie latine*, t. CXVI, col. 11.
(3) *Tradition de l'Église*, etc., p. 237-238.
(4) L'abbé MATHIEU, *De Johannis abbatis Gorziensis vita*, p. 58.

de 1009, défend « de livrer un chrétien en esclavage hors de son pays, surtout au service d'un païen, de peur que ce malheureux perde son âme, que Notre-Seigneur a rachetée au prix de son sang ».

Le concile de Latran, en 1179, excommunia tous ces pirates qui livrent les Romains et les autres chrétiens aux Sarrasins ou aux Juifs ; il est interdit à ceux-ci d'avoir des esclaves chrétiens (1). Une application connue de cette excommunication fut faite en 1213 aux marchands marseillais, Hugues de Fer et Guillaume Porcus, qui livrèrent aux Sarrasins les malheureux enfants confiés à eux dans un saint désir de délivrer le Saint-Sépulcre.

Mais cet événement déplorable nous fait souvenir que c'est l'époque des croisades. La suite des événements n'avait pas répondu aux brillantes espérances que les premiers succès avaient fait prévoir ; elles avaient fait de nombreux captifs ; des mesures urgentes s'imposaient pour les soulager. C'est alors que naquit l'ordre des Trinitaires, à Rome.

CHAPITRE II

LES PAPES ET LE RACHAT DES CAPTIFS
DU XIII° AU XVII° SIÈCLE

Innocent III venait d'être intronisé pape en 1198, lorsqu'arriva à Rome un jeune Provençal,

(1) *Collection des conciles* (HARDOUIN), t. III, 355 A, 455 D ; — t. VI, 775 E, 781 E, *Ibid*, 2° partie, 1682.

nommé Jean de Matha, qui venait lui proposer la fondation d'un ordre religieux destiné au rachat des captifs (1). Le pèlerin était docteur en théologie de Paris, et chaudement recommandé par l'évêque de cette ville, Eudes de Sully et l'abbé de Saint-Victor. Le pontife agréa ce pieux dessein et donna à Jean de Matha la permission de fonder un ordre nouveau qui s'appellerait de la Trinité pour le rachat des captifs. D'après leur règle qui fut approuvée par le pape, le 17 décembre 1198, ces religieux porteront un costume blanc, avec une croix rouge et bleue « pour que le signe de la Rédemption paraisse sur leurs poitrines », et consacreront le tiers de leur revenu au rachat des captifs qu'ils délivreront, soit par achat, soit par échange avec des Sarrasins captifs en terre chrétienne.

Pour montrer combien il tenait à cette idée, le pape envoya à l'émir de Maroc deux religieux de l'ordre nouveau, porteurs d'une lettre pontificale, datée du 8 mars 1199, où Innocent III faisait remarquer au souverain musulman à quel point l'échange était avantageux, même pour ses compatriotes. Ces habiles suggestions produisirent leur effet, et bientôt près de 200 captifs abordèrent au port d'Ostie et vinrent saluer le pontife, auteur de leur liberté.

Innocent III, à la vue des excellents fruits que produisait l'ordre nouveau, donna à saint Jean de Matha le couvent de Saint-Thomas, sur le Mont-Célius, et fit exécuter sur la porte une mosaïque due aux frères Cosmati. Elle représentait l'échange d'une façon symbolique et

(1) Ces événements seront racontés plus en détail dans un ouvrage que je vais bientôt publier sous ce titre : *L'ordre de la Trinité pour le rachat des captifs* (1198-1300).

vraiment heureuse : Notre-Seigneur tenant les
mains croisées sur deux captifs, l'un maure,
l'autre blanc, comme pour les échanger. « C'est
un touchant symbole de la charité chrétienne,
dit M. Bonet-Maury (1), qui ne fait aucune
distinction eutre tous ceux qui souffrent. »

L'exemple donné par saint Jean de Matha lui
suscita un imitateur dans la personne d'un
Languedocien, nommé Pierre Nolasque, qui
fonda, vers 1228, l'ordre de la Merci. Nous étu-
dierons dans un autre chapitre l'action rédemp-
trice de ces deux ordres. Bornons-nous, pour
l'instant, à constater que les maux des captifs
étaient innombrables, que ce n'était pas trop
de deux ordres religieux pour les soulager, et
que la France doit être fière que les deux ini-
tiateurs de la noble tâche du rachat soient des
Français.

Mais la cour de Rome ne se reposa pas sur
ses lauriers. C'était bien de fonder des ordres
rédempteurs ; mais mettre de plus en plus
d'obstacles à la captivité des chrétiens, de
quelque cause qu'elle provînt, était mieux encore. Les prescriptions du concile de Latran,
de 1215, répètent, en les aggravant, les pénalités portées par le précédent concile de 1179 ;
l'excommunication contre les pirates devait être
lue, tous les dimanches et fêtes, dans les villes
maritimes. Il était spécialement interdit de dé-
pouiller les pèlerins de Terre-Sainte, tant à
l'aller qu'au retour (2).

La cour de Rome fit aussi son possible pour
empêcher la vente des vivres et des armes aux
Sarrasins, ce qui leur permettait de nuire aux
chrétiens. La bulle de Boniface VIII, du Jeudi-

(1) *Revue des Deux-Mondes*, n° du 15 août 1896.
(2) *Collection des conciles*, tome VII, 75 E.

Saint 1296, fut affichée à la porte du Latran (1).
Un concile de Tolède porta cette même défense en 1324 (2); une partie de l'Espagne
était, on s'en souvient, encore occupée par les
Maures.

Calixte III ordonna aux inquisiteurs de procéder contre ceux qui amèneraient des chrétiens à se faire Sarrasins, « car la captivité de
l'âme n'était pas moins pernicieuse que celle
du corps ». Il se servit aussi de Jacques Cœur
pour occuper l'île de Lemnos, où une flottille
chrétienne aurait été spécialement chargée de
la surveillance des musulmans qui venaient de
s'emparer de Constantinople. Un siècle plus
tard, ce zèle pontifical eut encore plus d'occasions de s'exercer. Après la bataille de Lépante,
comme les chefs chrétiens ne savaient que faire
des prisonniers turcs, Pie V ordonna à Don
Juan d'Autriche de les échanger contre les prisonniers chrétiens, sinon de les vendre au plus
haut prix possible. Ceux qui les libéreront pour
rien seront excommuniés. Bien entendu, les
captifs chrétiens trouvés dans les navires turcs
seront libérés *ipso facto* (3) (20 août 1571).

Les papes allaient prendre une part plus
active au rachat des captifs chrétiens en particulier. Il existait à Rome une confrérie de Pénitents, datant de 1236 ou de 1264, la confrérie
de Notre-Dame du Gonfalon, dont le Père
Hélyot a parlé au tome III de son grand ouvrage. Jules III lui avait permis de libérer un

(1) Table des *Constitutions pontificales*, par GUERRA,
t. I, pp. 201, 113 et 184.
(2) *Collection des conciles*, t. VII, col. 1490. En 1344, le
pape envoie une mission au sultan d'Egypte pour obtenir
l'adoucissement du sort des captifs, *Annales ecclesiastici*
de Raynaldi, année 1344.
(3) *Analyse dans Guerra*, ouvrage cité, t. Ier, p. 203.

prisonnier du dernier supplice, le 15 août, à charge pour ce dernier de faire une offrande pour la confrérie. Grégoire XIII, portant à deux le nombre des bénéficiaires de cette libération, permit que leur offrande fût consacrée au rachat des captifs (12 octobre 1576). Ensuite, il chargea expressément la confrérie de ce soin ; un marchand qui en faisait partie, devait recueillir les aumônes en vue du rachat (1) (28 mai 1581). Il est probable que le pape était alors impressionné par la décadence de la rédemption trinitaire, avouée par le procureur-général de l'ordre en cour de Rome dans le discours prononcé au Latran le 1er octobre 1575.

Sixte-Quint dota la confrérie du Gonfalon d'un monopole interdisant aux deux ordres religieux rédempteurs de quêter dans les États de l'Église. Elle put, de plus, percevoir un ducat sur les biens laissés par testament et recueillir des legs pour la libération des captifs en général. Les ecclésiastiques séculiers purent disposer par testament de trois cents écus, à condition de laisser le tiers à cette confrérie (28 mai 1586).

Un cardinal en fut déclaré protecteur, ainsi que des captifs rachetés, des jeunes filles dotées par elle ; il était le garde de ses archives et il pouvait évoquer à lui toutes ses causes (2) (19 août 1586).

La confrérie du Gonfalon ayant racheté plus de deux cents captifs en Algérie, Sixte-Quint manda aux évêques de permettre à celle-ci d'avoir des troncs dans les églises, même en

---

(1) Les Trinitaires ne pouvaient avoir à Rome que ce qu'il fallait pour vivre.

(2) Cocquelines *Bullarium Rom.*, t. VIII, pp. 673-681, 726-733.

dehors des Etats pontificaux (23 avril 1588) (1).
C'était l'ériger en troisième ordre rédempteur.

Après cette éclatante suite de privilèges, la
confrérie rentre dans l'ombre, mais elle dut
continuer encore longtemps sa pieuse mission,
car, vers 1702, un Trinitaire Déchaussé, Jean
de Saint-Paul, écrivit un livre à Rome pour dé-
fendre contre la confrérie du Gonfalon les
droits de son ordre (2).

Le pape n'oubliait pas pour cela les recommandations générales aux fidèles. Clément X
ordonna aux évêques de consacrer annuelle-
ment deux sermons, un à l'Avent, l'autre au
Carême, afin d'annoncer une quête pour les chrétiens captifs, qui seraient rachetés par les Trinitaires déchaussés de France (3 janvier 1675 (3).
Clément XI renouvela cette prescription les
25 mai 1709 et 16 septembre 1713.

Mais déjà avaient été exaucées (les énoncés
seuls de ces bulles le prouvent) les prières des
Trinitaires : possédant un couvent à Rome et
même plusieurs, ils supportaient avec peine
l'humiliation de se voir interdire, dans la capi-
tale de la chrétienté, l'accomplissement de
leur but essentiel. En 1725, ils purent de nouveau avoir des troncs dans les Etats de l'Eglise.
Quant à la confrérie du Gonfalon, on ne sait
ce qu'elle devint. Ses éphémères services ne
sont pas à comparer avec ceux de nos Trinitaires.

(1) GUERRA, *Pontificiarum constitutionum... ordo*, t. Ier,
pp. 258-260.
(2) ANTONINUS AB ASSUMPTIONE, *Arbor chronologica ordinis S. Trinitatis*, Rome, 1894, p. 38.
(3) JOSEPH A JESU MARIA, *Bullarium ordines S. Trini-
talis* (1692), pp. 597-599.

CHAPITRE III

L'ACTIVITÉ DES ORDRES RÉDEMPTEURS
PROPREMENT DiTS

Pour étudier la manière dont les Trinitaires
et les Pères de la Merci se montraient fidèles
au but de leur ordre, il faut descendre jusqu'à
la fin du xvie siècle. A cette époque, les documents sont nombreux : les récits de Cervantès
et de Diego de Haedo (1) viennent en première
ligne ; un grand nombre d'opuscules français
mettent le public au courant de toutes les souffrances tant des pauvres captifs que de leurs valeureux rédempteurs. De plus, c'est une période
de transition dans les relations entre chrétiens et
musulmans. A la guerre acharnée dont le principal épisode a été la bataille de Lépante, a
succédé une paix armée, durant laquelle la piraterie se régularise. Seuls les chevaliers de
Malte sont encore le rempart de la chrétienté.
Les princes d'Europe se désintéressent de la
course, qui a pour auteurs les possesseurs de
l'Afrique du nord en Barbarie (autrefois Berbé-
rie) ce qui fait les appeler les Barbaresques ; —
ils laissent les ordres rédempteurs exécuter leurs
pieuses missions et compenser par la charité
les malheurs que cause une politique trop
faible.

Les Trinitaires et les Pères de la Merci furent
à la hauteur de leur tâche. Les seconds, qui
s'étaient plus spécialement répandus en Es-

____

(1) *Topographia de Argel* publiée en 1612.

2

pagne, prêtaient en plus des trois vœux ordinaires d'obéissance, de chasteté et de pauvreté
un vœu spécial, par lequel ils s'engageaient à
rester en otage pour la rédemption d'un captif,
à donner pour lui « un supplément admirable (1), leur propre personne ». Pierre Nolasque, le premier, avait voulu accomplir lui-
même ce vœu, mais le roi Maure de Valence
n'avait gardé en otage que le bâton de pèlerin
du saint, tant il avait confiance en lui (2).

Les temps étaient bien changés depuis lors.
Les Trinitaires, qui n'avaient pas ce quatrième
vœu à prêter, eurent à cœur de ne pas laisser
cette supériorité aux Pères de la Merci.

Les ressources de chacun de ces ordres, qu'il
faut résumer brièvement ici (l'énumération
complète en nécessiterait trois chapitres), con-
sistaient d'abord dans le *tiers* de tous leurs revenus, qu'ils devaient mettre de côté pour le
rachat des captifs. C'était une prescription for-
melle de la règle trinitaire, qui paraît avoir été
étendue à l'ordre de la Merci. D'autre part,
lorsque les religieux étaient en voyage de rédemption, tout ce qui leur était donné devait
être employé pour les captifs.

On remarqua bien vite des inconvénients
dans cette division tripartite. Elle était difficile,
quand les couvents étaient très pauvres, ce qui
arrivait souvent parmi les ordres rédempteurs,
et elle souffrait des exceptions, quand le fondateur du couvent dispensait expressément les
religieux de la séparation du tiers.

Aussi, au xvi° siècle, s'était-on vu forcé de
prendre les dispositions suivantes. Au lieu du

(1) Cette expression est empruntée à un *Panégyrique de
Saint-Pierre Nolasque*, prononcé par Bossuet, en 1659.
(2) *Abrégé... de l'Ordre de la Merci* (1685), pp. 4 et 5,
28 à 30.

tiers, les couvents devaient payer une taxe fixe,
plus ou moins proportionnelle à leurs revenus,
et une taxe supplémentaire dans les années de
rédemption. Ce n'était d'ailleurs qu'une tolé-
rance, rendue nécessaire par la pauvreté de
l'ordre, car l'article de la règle relatif à la séparation du tiers ne fut jamais abrogé.

Il y avait une Caisse des Captifs où étaient
placées toutes les sommes provenant des tour-
nées de quête et des aumônes des fidèles, parfois constituées en rentes. Le garde de ce trésor
était un *Procureur général des captifs* choisi
par le Général de son ordre. Il résidait à Paris,
et ses occupations étaient des plus importantes.

Dès le xiv⁰ siècle, des confréries avaient été
établies dans un certain nombre de villes, notamment en Provence, en vue du rachat des
captifs. Leurs fondateurs pouvaient être des
laïques, mais les Trinitaires en étaient les in-
specteurs. Le Procureur général des captifs est
en correspondance régulière avec les directeurs
de ces confréries, auxquels il envoie les livrets
d'indulgences et les scapulaires, taxés au profit
des captifs.

Elles revêtaient parfois la forme de confréries de Pénitents ; celle de Marseille était à la
fois la plus célèbre et la plus utile aux Trinitaires par son antiquité et par ses grandes ressources. Dans le rachat des captifs qui eut lieu
en 1785, les Pénitents de la Trinité de Marseille
amenèrent 80.000 livres à l'ordre.

Le trésor de la rédemption, pour les Pères
de la Merci, était partagé entre Paris et Bor-
deaux, car ces religieux formaient en France
deux congrégations indépendantes l'une de
l'autre (1) depuis 1668. Au xvii⁰ siècle, les Mer-

(1) M. Emile Ledermann a consacré aux *Pères de Notre-*

cédaires étaient parvenus à jouer un rôle assez important dans le rachat des captifs français. Pendant très longtemps, n'ayant de couvents qu'en Languedoc, ils n'avaient été admis à quêter en France que dans le ressort du Parlement de Toulouse. Pendant tout le xvi° siècle, ils demandèrent en vain à pouvoir quêter à Paris. Henri IV soutint directement les Trinitaires. Mais lorsque Marie de Médicis eut transformé en couvent le collège que l'ordre de la Merci possédait à Paris depuis un siècle, les Mercédaires se trouvèrent subitement dans une position aussi favorable que leurs émules. Un arrêt du Conseil, rendu le 6 août 1638, consacra cette situation nouvelle ; les provinces de France durent être tirées au sort entre les deux ordres. Sans en donner ici le détail, que l'on peut trouver notamment dans le livre du Père Calixte, intitulé *Corsaires et Rédempteurs*, il faut rappeler que les Trinitaires eurent en partage le Nord et le Centre, et les Pères de la Merci l'Ouest et le Midi. Paris et ses faubourgs restèrent indivis. Une exception tacite à l'arrêt fut faite pour la ville de Marseille, où la confrérie des Pénitents de la Trinité avait une existence trop ancienne pour ne pas mériter de subsister avec toutes ses prérogatives. La congrégation de Guyenne de l'ordre de la Merci gardait une partie du trésor de la rédemption qu'il eût été onéreux de faire venir à Paris. Dans les rédemptions entreprises en commun par les deux ordres, et ce sont les plus fréquentes au xviii° siècle, il y avait donc trois contribuables pour le paiement du rachat : les Trinitaires, les Pères de la Merci de Paris et ceux de Guyenne.

Dame de la Merci un intéressant ouvrage publié en 1898, auquel j'ai plaisir à renvoyer le lecteur.

En général, les sommes fournies par les Trinitaires équivalaient aux deux tiers de la somme
totale.

Il serait difficile d'établir une loi de périodicité
de la rédemption, puisqu'elle dépendait à la
fois du zèle et des ressources des religieux, et
du nombre des captifs à racheter. Dans le chapitre général des Trinitaires, qui se tenait tous
les trois ans, chacune des quatre provinces du
Nord de la France qui y participaient élisait
un rédempteur. Quand il y avait des fonds suf-
fisants, le Général décidait où le voyage aurait
lieu, selon ce qu'il avait appris sur les souffrances des captifs et sur les dispositions des
musulmans. Dans la seconde moitié du xvii⁰ siècle, époque à laquelle les rédemptions fran-
çaises furent le plus fréquentes, elles eurent
lieu environ tous les trois ou quatre ans.

En principe, il y avait à chaque voyage quatre
rédempteurs. Mais dès la fin du xvi° siècle, il
y eut une tendance à ramener ce nombre à
deux, d'abord par économie, ensuite parce que
certaines provinces de l'ordre, notamment celle
de Flandre, qui était en partie sous une domination étrangère, aimaient à garder leur auto-
nomie dans le rachat de leurs captifs ; enfin,
quand il y avait une rédemption opérée par les
deux ordres, deux représentants de chacun suf-
fisaient pour assurer le succès de la négocia-
tion. Il n'y avait aucune prééminence entre ces
religieux ; toutefois, d'un commun accord, l'un
d'eux était désigné pour tenir la correspondance avec ses supérieurs, régler les affaires les
plus importantes et écrire le journal du voyage,
qui, souvent trouvé digne des honneurs de l'impression, était accueilli par le public avec une
grande faveur.

Il fallait aller partout en rédemption, théori-

quement, car chaque royaume avait des natio-
naux captifs en pays musulmans. Cependant
les divers religieux rédempteurs se partagèrent
tacitement la rédemption selon l'importance
relative qu'elle avait pour leurs pays d'origine.
Ainsi les Autrichiens allèrent de préférence en
Hongrie, jusqu'au xviie siècle, puis à Constantinople, les Italiens à Tunis et à Tripoli, les
Français à Alger et les Espagnols au Maroc; aucun
des deux ordres n'eut de monopole en aucun
pays. Cette répartition géographique comporta,
bien entendu, de nombreuses exceptions. Les
rédempteurs ne se bornèrent pas toujours non
plus à racheter leurs seuls compatriotes. En
somme, le but principal de voyage de rédemption français était Alger ou Tunis, c'est-à-dire la
Barbarie proprement dite, en face de Marseille.

Quand le but avait été fixé, toutes les précautions n'étaient pas prises encore. Combien de
captifs allait-on avoir à racheter ? quels étaient
leurs noms ? Deux sources d'informations se
présentaient : les familles de ces malheureux et
les agents diplomatiques. En Espagne, où la
publication de la rédemption se faisait d'une
manière pompeuse, les religieux demandaient
dans chaque ville s'il y avait en Barbarie des
captifs originaires de la localité et si des aumônes étaient spécialement destinées à leur
rachat. Ensuite, on usa du mode plus moderne
des affiches. De petits placards imprimés an-
noncèrent au public le départ prochain des rédempteurs, les indulgences accordées par le
pape à cette occasion ; les familles étaient in-
vitées à remettre aux religieux pour le rachat
de personnes désignées, des aumônes particu-
lières ; ces fonds ne se confondaient pas avec
les ressources ordinaires des religieux et ne
comptaient pas dans leur total.

Cette contribution des familles était absolument facultative, sauf quand il s'agissait de
grands personnages et de jeunes gens d'origine
noble ou de chevaliers de Malte : les rançons
de ces derniers étaient toujours fixées à des
prix exorbitants, auxquels les ressources ordinaires n'eussent pu suffire. Il eût été peu hu-
main et peu généreux de racheter de préférence
les captifs dont la famille était le plus riche,
alors que c'étaient les autres (pêcheurs, matelots, cultivateurs) qui rendaient le plus de services à l'Etat. Donc, selon le rang du captif, les
religieux seuls assurent son rachat en tout ou
en partie.

A partir du xviie siècle, le gouvernement im-
posa d'office aux villes maritimes de France le
rachat de leurs compatriotes ou du moins une
contribution à ce rachat pour une somme fixe.
Les religieux devaient parfaire le reste. Souvent
de grands corps d'Etat comme le Parlement de
Toulouse, les Etats de Bretagne (on peut voir le
détail de leurs subventions dans l'ouvrage déjà
cité du Père Calixte) contribuèrent largement
au rachat de captifs déterminés.

Mais il fallait aussi s'assurer d'avance que l'esclave recherché était où l'on espérait le trouver ;
une enquête discrète, surtout nécessaire pour
les rachats particuliers, était faite par les consuls de France ; s'il ne commettait pas d'im-
prudence de nature à révéler sa véritable iden-
tité, le captif dont on s'était si intelligemment
occupé avait beaucoup de chance de revoir sa
famille au premier voyage des Pères.

Les religieux, sachant quand, où, et qui ils
rachèteraient, n'avaient plus qu'à demander le
passeport royal et à faire venir le sauf-conduit
du souverain musulman. Le roi d'Espagne envoyait parfois un notaire pour contrôler les ré-

dempteurs. Le roi de France se contentait de
se faire rendre compte au retour. Il accordait sa
protection même aux Trinitaires d'Espagne, en
considération de ce que l'administrateur de
l'hôpital d'Espagne, à Alger, dont il sera question dans notre chapitre V, s'occupait d'obtenir
le passeport du dey pour les religieux rédempteurs de France aussi bien que pour ses
compatriotes.

Dès lors, les religieux venaient s'embarquer
dans un port méditerranéen (Marseille, Toulon,
Cette ou Port-Vendres), sur une barque très
simple, car il fallait ménager l'argent des captifs ; en peu de jours, ils arrivaient en Afrique,
où ils étaient impatiemment attendus.

CHAPITRE IV

LA VIE DES ESCLAVES CHRÉTIENS EN BARBARIE

Il est bien difficile de tracer en quelques
pages un tableau de la vie des captifs, car les
documents qui la concernent sont un peu contradictoires. Les rédempteurs ont pu être portés
à exagérer les difficultés, réelles d'ailleurs, de
leur périlleuse mission. D'autre part, les laïques, écrivant au xviiie siècle, ne pouvaient
conclure de l'adoucissement réel du sort de
l'esclave que sa condition n'avait jamais été
pire. Chacun ne peut être cru que pour la date
où il écrit.

Au xvie siècle, l'esclavage était exceptionnel-
lement rigoureux. On connaît les massacres de
captifs exécutés par Barberousse et les cruautés

dont les Espagnols étaient victimes au temps
où Diego de Haedo écrivait pour ainsi dire leur
martyrologe. La situation des captifs devint
ensuite plus normale, non sans de brusques
soubresauts.

Il faut établir une différence selon les lieux.
Je ne parle point des captifs en Turquie, car
nous sommes peu renseignés à leur sujet, à part
le voyage du P. Jehannot, effectué en 1730, où il
recueillit cette opinion, que l'esclavage de Barbarie est une demi-liberté par rapport à celui de
Constantinople. Or, cela n'est qu'une impression, non prouvée par les faits. Il semble seulement que les esclaves y appartenaient tous au
sultan, et que dès lors leur rachat était très difficile, parce qu'ils étaient employés sur les galères impériales.

Pour nous borner à la Barbarie proprement
dite, il est possible d'établir cette loi très sim -
ple : la *captivité croissait en horreur à mesure
qu'on allait de l'est à l'ouest.*

A Tripoli, nous dit le P. De La Faye, procureur-général des captifs, qui s'y rendit comme
par hasard en 1701, les rares esclaves sont oc-,
cupés à des travaux de domesticité. Ainsi ils
entretiennent les nombreux jardins qui font à
cette ville une ceinture de verdure, leur condition est aussi douce que peut l'être celle de
gens privés de la liberté. Remarquons que c'est
un rédempteur lui-même qui l'avoue.

A Tunis, au rapport d'un commissaire des
guerres de Toulon, Poiron. qui écrit en 1752 (1),
les esclaves appartiennent presque tous au souverain, qui les rachète dès leur arrivée, ils jouis-
sent en général d'une demi-liberté, et ils sont
enfermés (pour la nuit seulement) dans des

____

(1) *Bibliothèque nationale*, ms. fr., 13, 084, p. 162.

bagnes (ce mot, aux yeux des gens du xviie et du xviiie siècle, dérivait de l'espagnol *baño*, bain). C'étaient des salles où les captifs étaient sévèrement tenus, de peur qu'ils ne s'échappassent. Les portes en étaient closes au coucher du soleil. C'est analogue au *domicile forcé* des Italiens.

L'abbé Raynal a fait un voyage en Barbarie vers 1788 (1). Son impression sur les esclaves de Tunis est tout à fait favorable. Souvent ces chrétiens, dit-il, font véritablement partie de la famille ; on voit des maîtres donner la liberté à leurs esclaves en souvenir d'un être chéri, et tous ne l'acceptent pas. Il faut remarquer que l'auteur n'était point en proie à la ridicule sentimentalité qui sévissait à cette époque, et qu'il a porté un témoignage entièrement véridique.

Alger est le vrai centre de la Barbarie et la demeure du plus grand nombre des esclaves chrétiens d'Afrique ; nous sommes amplement renseignés sur leur sort à toutes les époques.

Suivons donc les esclaves depuis l'instant malheureux de leur prise par un corsaire algérien.

Aussitôt les chrétiens capturés, on les dépouille entièrement de ce qu'ils ont sur eux, on regarde notamment leurs mains, pour voir s'ils exercent un métier manuel, ainsi que leurs dents, et l'on conjecture de quel rang peut être leur famille. La course a, en effet, un côté doublement utilitaire : il s'agit soit de se procurer des rameurs pour les galères, des ouvriers pour porter l'eau, pour construire la digue du port, — soit simplement de tirer du captif une forte rançon. Dans tous les cas, la force physique est

______

(1) *Bibliothèque nationale*, manuscrit français 6429.

seule appréciée ; les talents littéraires ne sera'ent nullement utilisables en Barbarie.

Lorsque les captifs débarquent, sous les
huées de la populace, on les mène au Bézes-
ten, que les voyageurs appellent Batistan, c'est
le *grand bazar*. Là ils sont mis en vente, et
soumis à la grande humiliation d'être dépouillés
entièrement de leurs vêtements, examinés des
pieds à la tête, par le premier venu, contraints
de courir, de lutter entre eux, tout cela pour
prouver leur force. Comme il a été dit, le dey
choisit d'abord tous ceux dont il a besoin pour
le service de ses galères ; les particuliers s'ac-
commodent des autres.

Il est facile de comprendre qu'en général le
sort des esclaves chargés de l'exécution des travaux publics est le plus à plaindre ; car ceux qui
sont échus à des particuliers peuvent avoir la
chance de tomber sur un bon maître. Ce dernier
y perdrait à maltraiter un esclave qui vaut de l'argent. Sans doute, les captives surtout sont expo-
sées aux pires violences, mais il y a des exemples,
rapportés par les rédempteurs, de procédés entièrement respectueux de princes musulmans envers des femmes chrétiennes.

Le grand péril, surtout pour les jeunes enfants, c'est de perdre la foi ; malheureusement,
les exhortations des religieux ne peuvent sauver
toutes les âmes de la chute. L'un des rédempteurs, après avoir cité la belle action d'un Portugais qui préféra la mort au déshonneur,
s'écrie : « Si cet exemple était suivi, nous au-
rions un véritable martyrologe ». La seule res-
source des mères qui craignaient pour la vertu
de leurs jeunes filles, c'était de les marier à des
captifs ; elles échappaient ainsi avec certitude à
toutes les poursuites des Turcs. Ceux-ci dis-
pensaient même les maris du travail, disant

que c'était bien assez pour eux d'avoir une femme.

Les esclaves, dans la vie ordinaire, avaient mille précautions à prendre ; il leur fallait se garder de heurter un musulman, même par maladresse, alors qu'il est peu commode de marcher avec des chaînes aux pieds. La coutume d'enchaîner les captifs ne paraît pas d'ailleurs avoir été générale ; elle ne devait être appliquée que dans les moments de crise où l'on pouvait craindre de voir les esclaves se révolter

Quand on pense qu'il y en avait parfois 30.000 ensemble à Alger (c'est le chiffre que donne le P. Dan, qui y était en 1635) on se demande comment ils ne se sont point révoltés avec succès. Mais il faut songer qu'ils étaient de nations, de religions et de langues différentes, que la défiance régnait parmi eux, qu'il y avait des traîtres ou simplement des âmes faibles, qui pensaient s'attirer les bonnes grâces de leurs patrons en dénonçant leurs camarades et abusant des confidences sur leur famille.

Les projets d'évasion de Cervantès échouèrent même plusieurs fois à cause de ces dénonciations. Il y avait donc des jalousies entre les différentes *nations* : les divisions de l'Europe se retrouvaient dans les bagnes, et les musulmans pouvaient dormir tranquilles. Le *chef des esclaves*, qui était élu par eux et était le grand distributeur du travail, avait fort à faire pour maintenir l'ordre.

Les esclaves avaient à craindre particulièrement les renégats et les Juifs. On sait, par les doléances des rédempteurs, le rôle capital qu'ont joué les premiers dans l'histoire d'Alger : Hassan, le vice-roi dont Cervantès a immortalisé la cruauté, était un renégat. Ces malheureux, ces fanatiques d'ambition, expiaient.

par toute une vie de remords « la banqueroute
qu'ils avaient faite à la religion chrétienne » ;
ils s'étourdissaient, ils persécutaient leurs anciens
amis pour oublier, et ils n'oubliaient pas la foi
de leur enfance. Souvent lorsque les rédempteurs les interrogeaient, ils se déclaraient prêts
à rentrer en terre chrétienne, même au péril de
leur vie (car ils risquaient d'être brûlés en Barbarie s'ils étaient repris) si on leur promettait
l'absolution de leurs péchés ; plus d'une âme re-
pentante fut ainsi réconciliée à Dieu et rachetée
par les religieux.

Les Juifs étaient plus dangereux encore parce
qu'ils étaient indispensables. En leurs mains,
en effet, était tout le commerce. Un mémoria-
liste du xviiᵉ siècle dit qu'ils décidaient tout à
Alger la paix ou la guerre. Leur connaissance
approfondie de toutes les langues faisait d'eux
les intermédiaires naturels entre les captifs et
leurs familles, entre les rédempteurs et les musulmans. Ils étaient même chargés de faire su-
bir aux piastres qu'apportaient les rédempteurs
une préparation qui les rendait moins brillantes,
les Arabes se défiant des pièces neuves. Sans
doute des marchands Juifs donnèrent des exemples de prévarication, mais il ne faut pas géné-
raliser outre mesure ; nous verrons des Juifs
rendre des services réels à des rédempteurs du
Maroc ; s'ils ne les rendaient pas gratuitement,
c'est qu'ils ne pouvaient oublier entièrement ni
leur race ni les coutumes des pays musulmans,
où le pourboire est passé dans les mœurs.

Il faut bien avouer que, à travers tous ces
dangers d'espionnage, de jalousie, de trahison,
d'abjuration, la situation tant matérielle que
morale des captifs était loin d'être brillante. La
nourriture leur était la plupart du temps si par-
cimonieusement distribuée qu'ils risquaient de

mourir de faim et étaient contraints parfois de voler pour se nourrir. Ils pouvaient aussi gagner un pécule en spéculant sur les vices des Turcs et notamment sur l'ivrognerie. En dépit des prescriptions du Coran, les musulmans venaient s'enivrer dans les tavernes tenues par les chrétiens, qui entendaient admirablement leurs affaires, puisqu'ils vendaient le vin six fois plus cher qu'il ne leur revenait. Emmanuel d'Aranda a raconté la plaisante histoire de son ami Caloen et du fils de sa patronne. Il ne faut cependant pas s'imaginer que tous les musulmans emmenassent leurs esclaves se divertir à la campagne.

D'Alger au Maroc, la condition des esclaves empire. On sait que ce pays est maintenant encore très peu accessible aux chrétiens. Tous les rédempteurs ont remarqué la difficulté et la longueur des voyages en ce pays ; une fois même, ils faillirent être empoisonnés en route. La population était on ne peut plus fanatique et les esclaves étaient plus maltraités et plus mal nourris qu'ailleurs. Les coups de bâton pleuvaient sans discontinuer sur leur dos ; souvent même l'Empereur leur tranchait la tête de ses propres mains. Il est vrai que comme il faisait de même pour ses propres sujets ; les captifs auraient-ils eu bonne grâce à se plaindre ? Le plus célèbre de ces tyrans est Mouley-Ismaël, dont le règne dura toute la seconde moitié du xviie siècle. Ces princes, étant d'une avidité insatiable, ne trouvaient jamais assez beaux les présents qu'on leur apportait. Il s'ensuivait des négociations interminables avec les rédempteurs.

Bref, les captifs du Maroc étaient plus séparés du monde que tous les autres ; les religieux arrivaient rarement jusqu'à eux, car ils avaient

sur ceux du reste de la Barbarie le désavantage
d'être dans l'intérieur des terres ; les accès à la
mer étaient défendus par des vice-rois plus ou
moins indépendants de l'empereur, et agissant
toujours avec mauvaise foi ; les chrétiens ne
pouvaient presque point envoyer ni recevoir de
lettres. On peut croire les rédempteurs quand
ils disent que l'esclavage d'Alger est un paradis
à côté de celui du Maroc.

Telles étaient donc les souffrances ordinaires
des esclaves. Prisonniers depuis cinq, dix, vingt
ans, ils pouvaient désespérer de recouvrer jamais la liberté. Soudain, on leur ôte leurs
chaînes. Un navire est venu de France appor-
tant pour tous des consolations, pour beaucoup
l'espoir certain de la liberté.

CHAPITRE V

LE VOYAGE DE RÉDEMPTION

Lorsque les religieux rédempteurs français
entrent dans le port de Barbarie, par exemple
Alger, le canon est tiré en l'honneur du roi de
France. Les employés de la douane viennent à
bord, enlèvent le gouvernail et les voiles, de
peur que quelque esclave ne soit tenté de s'en-
fuir sur la barque, car cette heureuse audace
réussit à quelques-uns. Les religieux doivent
déclarer l'argent qu'ils ont apporté et sur lequel on lève une taxe de 3 % ; le consul de
France les conduit à leur demeure, qui est en
général la sienne ou celle d'un négociant de

ses amis. La difficile opération du rachat va commencer.

Les religieux se voient aussitôt assaillis par une foule de malheureux, souvent aigris par les longues souffrances, qui étalent leurs cicatrices et demandent tous à être rachetés les premiers. Les rédempteurs ont fort à faire pour séparer le bon grain de l'ivraie, quelques exaltés ne craignant pas d'en venir aux menaces contre leurs bienfaiteurs, trop lents à leur gré. Il faut aussi que les religieux reconnaissent quels sont ceux pour qui on leur a donné des fonds spéciaux, mais il faut agir dans le plus grand secret, de peur que le patron du captif le mette à tel prix que la rançon de ce dernier devienne bien difficile. Le P. Lucien Hérault, trinitaire, qui effectua en 1644 le voyage raconté dans les *Victoires de la Charité*, en fit bien l'expérience. Il reçut, à son départ de Marseille, une lettre d'Anne d'Autriche le chargeant spécialement de racheter trois Capucins de la province de Bretagne. La commission fut exécutée, mais non sans que le bruit de la distinction flatteuse dont ces religieux étaient l'objet n'eût fait monter le prix de leur rachat à une somme fort élevée. Souvent aussi les rédempteurs sont trompés par les renégats, qui recommandent les esclaves dont ils ont reçu de l'argent.

Le dey a, de plus, le privilège de faire racheter, pour un prix obligatoire, cinq des esclaves qui lui appartiennent directement, quelle que soit la nationalité des rédempteurs. Les Pères protestaient en vain contre cette contrainte de racheter des protestants ou des étrangers.

Dans la plupart des cas, il fallait s'accorder avec les patrons. Ou bien l'esclave n'a été capturé que pour être revendu, et alors le maître ayant tout intérêt à le faire racheter, même à

un prix peu élevé, use de menaces envers le rédempteur, de manière à lui imposer l'esclave
dont il ne veut pas. Ou bien il tient à son fidèle
serviteur ou à sa belle esclave; alors il use de
toutes sortes de procédés pour le dérober aux
rédempteurs. Il le cache au plus profond de sa
maison, de façon que ses cris ne parviennent
pas au dehors ; il l'envoie dans les cavernes des
montagnes de l'Atlas, où les rédempteurs n'iront
pas le chercher. Pendant les expéditions des
chrétiens sur Alger, notamment celle des Espagnols en 1775, la plupart des captifs furent
conduits à Blida sous bonne escorte. Mais bien
souvent les esclaves étaient si industrieux, jusqu'à contrefaire l'insensé, le boiteux, et à feindre
toutes les infirmités possibles, qu'ils arrivaient
à éluder la mauvaise volonté des maîtres. Dans
un récit plein de bonne humeur, et qui a été
souvent réimprimé sans qu'on en ait toujours
cité l'auteur, Emmanuel d'Aranda a raconté
comment un de ses amis, le chevalier de Cherf,
contrefit le domestique avec tant d'art que les
Turcs s'y laissèrent prendre et comment un
autre, Caloen, ayant été grisé d'eau-de-vie de
figues et enfermé dans une cave, fit un tel bruit
que sa vieille patronne fut contrainte de le
laisser sortir, joyeux malgré des chaînes de
vingt livres aux pieds.

Ces incidents n'étaient qu'amusants. D'autres
étaient dramatiques et donnaient aux religieux
de la rédemption (ce nom comprend à la fois
les Trinitaires et les Pères de la Merci) l'occasion de faire preuve du courage le plus intré-
pide. Diègo de Haedo, archevêque de Palerne,
qui fut captif en même temps que Cervantès (1),

(1) Le biographe français de Cervantès, Michel Chasles
a relevé avec éloquence ces traits de charité si justement
loués par Diego de Haedo.

a donné de la bravoure du P. Jean Gil, Trinitaire, une idée tout à fait haute. Les Turcs eux-
mêmes reconnaissaient qu'ils n'avaient jamais
vu un pareil rédempteur. Il montra son courage dans plusieurs circonstances, notamment
quand il essaya de soustraire à un maître avide
la jeune esclave Dorothée dont le rachat avait
d'abord été conclu. Puis il se ravisa, allé-
guant qu'il avait réglé l'affaire étant en état
d'ivresse, prétendant en outre que son esclave
était mahométane ; elle eut beau le nier et pleu-
rer, le P. Gil fut condamné à rendre l'esclave
déjà rachetée. Une autre fois, un maître dont
l'esclave s'était sauvé vint en fureur le rede-
mander au P. Gil ; sur son affirmation qu'il ne
savait point où le fugitif se trouvait, il traîna le
Père devant le tribunal, prétendant avoir été
battu par lui, ce qui exposait le rédempteur à
avoir la main coupée. Heureusement, un des
plus sages parmi les musulmans intervint et dé-
clara que si le P. Gil avait donné des coups au
musulman, l'autre n'avait qu'à les lui rendre !
On peut penser qu'il ne s'en fit pas faute. Cela
n'empêcha pas le généreux rédempteur, une
autre fois, de s'interposer pour recevoir les coups
de bâton auxquels on avait justement condamné
son insulteur. Il ne faut pas oublier que les relations avec l'Espagne étaient alors fort ten-
dues.

Pendant tout son séjour, le vénérable Père
était le grand juge de tous les démêlés qui pouvaient survenir entre les chrétiens, par qui il
était considéré comme le représentant du pape.
Ce n'est en effet qu'au début du xviiᵉ siècle,
comme nous le verrons, que fut institué le vicaire apostolique.

Les Pères de la Merci étaient très fiers de leur
vœu de rester en otage au besoin pour faciliter

le rachat des captifs. Les Trinitaires leur répon-
daient avec raison qu'ils n'avaient pas besoin
de prononcer de vœu pour remplir ce pieux
devoir. Les premiers Trinitaires que nous ayons
rencontrés captifs volontaires sont trois Espagnols, les Pères de Monroy, Aquila et Palacios.
Empêchés de revenir en Espagne, ils s'occupè-
rent de construire un hôpital qui devait rendre
aux captifs de grands services. Ils moururent
dans ces pieuses occupations.

Vingt-quatre ans plus tard, un Trinitaire, le
P. Lucien Hérault, et un Mercédaire, le P. Bru-
gière, se trouvèrent simultanément otagés ; cette
triste situation ne les unit cependant guère
d'affection. Sans doute les deux ordres n'étaient
pas solidaires de leurs dettes réciproques. Donc
le P. Hérault, ayant envoyé son compagnon en
France avec un premier groupe de chrétiens
rachetés, était resté en otage pour assurer la liberté d'un certain nombre d'autres. Malheureusement, l'argent n'arriva pas, le P. Hérault en
vint à ne plus avoir de quoi nourrir ses captifs déjà rachetés, et fut jeté en prison pour les
dettes du Père de la Merci. Il y apprit que les
captifs avaient été revendus ; il ne put survivre
à cette nouvelle douleur et mourut le 28 janvier 1646. Les Turcs ouvrirent son coffre-fort,
qui, croyaient-ils, renfermait des trésors ; ils y
trouvèrent trois écus ! Ce fut le signal d'un
revirement complet ; on n'avait jamais eu assez
de persécutions contre le vivant, on couvrit le
mort de louanges. Trois mille chrétiens suivi-
rent les obsèques de ce vénérable religieux ; des
Turcs mêmes en furent affligés.

Il s'en faut cependant de beaucoup que l'issue
du voyage de rédemption fût toujours aussi
douloureuse. C'était l'intérêt des musulmans de
ménager les rédempteurs : ceux-ci leur appor-

taient beaucoup d'argent, et leur fournissaient,
par l'échange, un moyen assuré de revoir leurs
compatriotes prisonniers chez les chrétiens.
Seulement, si le dey mettait les captifs à un
trop haut prix, les rédempteurs préféraient s'en
aller, même avec leurs Turcs d'échange ; ils re-
venaient l'année suivante, et trouvaient le souverain plus traitable ; mais il n'était pas toujours nécessaire d'en venir là : une simple.
feinte de départ suffisait. Des voyages de rédemption à Alger et à Tunis furent accomplis
en quelques mois ou même quelques semaines;
d'autres, au Maroc, durèrent quatre ans et plus.

Enfin les esclaves ont été rachetés en propor-
tion des revenus des rédempteurs pour 600 à
800 livres en moyenne à Alger, pour un prix
trois fois plus élevé au Maroc. Un à un, les dé-
livrés ont été munis de leur carte de franchise,
le consul de France les a présentés au dey, qui
les a passés en revue. Les religieux ont payé
les droits des *portes* et un nombre infini
d'autres, énumérés dans tous les livres, ils
vont enfin recevoir la permission de partir. Les
voiles et le gouvernail sont rendus au navire,
car souvent il faut plus qu'une simple barque
pour les captifs, au nombre de soixante et plus ;
les employés de la douane vérifient si personne
ne s'est glissé subrepticement à bord. La bonne
foi règne en effet d'une façon tyrannique dans
les relations avec ces corsaires et spécialement
pour la rédemption. Un captif s'étant caché
dans un tonneau d'eau put être dérobé à ses
persécuteurs en 1720, le P. de La Motte ayant
déclaré solennellement et avec vérité au consul
Durand qu'il ne connaissait rien de cette évasion. Il ne la découvrit que lorsque le navire
était déjà loin d'Alger. Au contraire, en 1648,
le P. d'Egreville raconte qu'à sa grande dou-

leur, il dut débarquer des esclaves qui s'étaient
sauvés à son bord, de crainte de représailles de
la part des musulmans.

Suivons un instant les « libres-captifs »
comme les appelle un gazetier du temps de
Louis XIV. Leur arrivée en terre chrétienne est
fêtée par de grandes processions. Dans l'orga-
nisation de ces cérémonies religieuses, chaque
peuple met le caractère qui lui est propre.
L'Espagne, qui voyait prêcher la rédemption
d'une manière solennelle, mettait aussi dans ce
retour des captifs toute la gravité nécessaire :
l'effet devait même être lugubre, avec ces che-
vaux noirs, ces pénitents noirs, ces captifs liés
deux à deux par les chaînes qu'ils avaient portées durant la captivité et qu'ils allaient déposer
en *ex voto* à quelque église (1). A la fin du cor-
tège paraissait le Rédempteur, « dont le visage
respirait la joie d'avoir ramené tant de chrétiens
en leur pays ».

Notre France donna aux processions de captifs un caractère infiniment plus populaire. Sans
doute, les pénitents, la messe d'actions de
grâces à la première cathédrale, le sermon, la
quête venaient en première ligne ; mais il
fallait d'innombrables visites pour satisfaire
l'insatiable curiosité des populations, tant laïques qu'ecclésiastiques. En 1635, lors de l'arrivée à Paris des captifs rachetés par le P. Dan, se
fit jour une idée charmante, c'était d'y faire
une grande part aux enfants. On les costuma
donc en anges, et les effrayants captifs, dont on
n'avait pas toujours coupé la barbe, devaient

(1) A une procession de captifs que vit Jean Nicot, notre
ambassadeur à Lisbonne, ceux-ci portaient au bout de leur
bâton de pèlerin le dérisoire petit pain qu'on leur donnait
pour nourriture journalière (Communication de M. de la
Roncière).

faire un singulier contraste avec leurs gracieux
acolytes qui ne les tenaient que par des rubans,
remplaçant avantageusement leurs chaînes. Les
Pères de la Merci costumèrent parfois ces enfants en Turcs, mais les « anges » se répandi-
rent partout en France.

Jusqu'à la Révolution, il y eut de semblables
processions ; un auteur provençal, qui écrivait
en 1827, Bérenger, dans sa lettre sur les Processions, adressée à Châteaubriand, rappelle
l'utilité et la beauté de ces cérémonies qui pei-
gnaient au vif l'efficacité de la charité des
ordres rédempteurs.

CHAPITRE VI

LES ŒUVRES D'ASSISTANCE EN FAVEUR DES CAPTIFS CHRÉTIENS

Les rédempteurs, quel que fût leur zèle, ne
pouvaient avoir la prétention de racheter tous
les captifs de leur nation. Y fussent-ils même
parvenus par extraordinaire, d'autres auraient
bien vite pris la place des rachetés. Il en restait
toujours un nombre considérable, dont l'heure
de liberté était bien retardée. A côté du devoir
de rédemption, il y avait aussi un devoir
d'assistance, et c'est un spectacle consolant de
voir que, partout où les captifs souffraient,
l'Eglise avait une milice prête à les soulager
dans leurs infortunes, à les raffermir dans leur
foi, à partager même leurs chaînes.

Il ne faut pas s'étonner que les ordres de la
Trinité et de la Merci n'aient pu suffire à des-

servir tous les bagnes. Ils n'avaient ni les sujets ni les ressources suffisantes pour détacher quelques-uns de leurs confrères pour une résidence perpétuelle en Barbarie, avant la fin du xvi⁰ siècle. Ils s'y rencontrèrent avec les religieux des ordres mendiants, notamment les Franciscains, dont le but essentiel n'était pourtant pas le rachat des captifs, mais que les circonstances amenèrent parfois à s'en occuper. Il faut citer encore les Pères de la Mission, fondés au xvii⁰ siècle, qui devaient naturellement, en Barbarie, s'occuper de cette œuvre de miséricorde. Tout prêtre ou tout religieux captif remplissait les mêmes devoirs, sans avoir besoin d'en être chargé officiellement; le dominicain Sosa, qui partagea la captivité de Cervantès, un Carme, le Père Angeli, qui vivait à Alger, au milieu du xvii⁰ siècle, étaient entourés d'une grande vénération.

Dès le Moyen Age, les ordres religieux choisirent pour ainsi dire leur champ de bataille. Les Mendiants étaient voués tout au moins à la visite des captifs; en faveur de leur séjour en Afrique, les papes dérogent à leur règle (1), en ce qui concerne la propriété et aussi le port de la barbe. L'abbé Godard, dans ses *Evêques du Maroc*, M. Ernest Mercier, dans son *Histoire de l'Afrique septentrionale* (2), ont relevé ce fait intéressant qu'El Mamoun permit aux Franciscains d'avoir des chapelles et un évêque à Maroc. Un grand nombre de chrétiens servaient dans l'armée des souverains de ce pays, avec l'agrément de saint Ferdinand, roi de Castille (3). Un des successeurs d'Agnello, comme

(1) Mas Latrie (R. de) *Relations de l'Afrique septentrionale avec les princes chrétiens au Moyen Age*, petite édition (1886), p. 132.

(2) *Ouv. cité*, t. II, pp. 151, 152.

(3) Mas Latrie, ouvrage cité, p. 61, 134.

évêque de Maroc, aussi un Franciscain, Loup,
va, en 1252, prêcher en Espagne la guerre sainte
contre les infidèles et revient tranquillement
dans son évêché. Il fallut la prise de Grenade
et les nombreuses expéditions portugaises contre
Ceuta et espagnoles contre Oran pour changer
ces dispositions des musulmans.

Avec la recrudescence des guerres saintes, la
charité des religieux augmente. Le Père Dan,
déjà souvent cité, nous a, lui-même, dans ses
Plus illustres captifs, cite ces faits si hono-
rables pour les ordres autres que le sien. C'est
un Ermite de Saint-Augustin, Thomas de An-
drada, qui, après son rachat, resta volontaire-
ment pour soulager les autres captifs. Des
Franciscains sont installés, en 1420, à Ceuta ;
en 1566 seulement ils cèdent leur couvent aux
Trinitaires. Les Franciscains italiens s'installent
à Tunis au xviie siècle (i's y ont demeuré jusqu'à ces derniers temps) et l'hôpital trinitaire
ne se fonda qu'en 1723. Ce sont des Récollets
qui, à Méquinez, au Maroc, soignent les esclaves malades. Ce sont les Jésuites qui exercent
le charitable office d'aumôniers du bagne à
Constantinople. C'est un Capucin, le Père Ma-
caire, que Clément VIII envoya, après le jé-
suite Sébastien del Campo, pour consoler les
captifs (1).

A la fin du xvie siècle, ces institutions se
régularisèrent. Laurent de Figueroa y Cordova,
évêque de Siguenza, légua à l'ordre des Trinitaires, avec l'autorisation du roi d'Espagne, une
rente capable de payer à perpétuité les frais de
séjour simultané de deux religieux à Alger,
pendant cinq ans continus, afin d'assister les

(1) Le P. Dan, *Les plus illustres captifs*, Lyon, 1892,
t. II, pp. 207 et 123.

captifs dans leurs tribulations et leur procurer les secours de la religion. Si Alger tombait au pouvoir des chrétiens (ce qui n'arriva pas avant 1830), les religieux devaient se rendre dans une autre ville d'Afrique encore au pouvoir des musulmans. Le pape Clément VIII confirma cette belle fondation par une bulle du mois d'août 1596.

Ce n'était pas un monopole que le fondateur comptait conférer aux Trinitaires. Les Pères de la Merci reçurent de Laurent de Figueroa un legs analogue. Le pape comprit bien que la multiplication des religieux en Barbarie ne servirait qu'à les faire rivaliser de zèle et à rehausser le prestige de la religion chrétienne; aussi il établit un Carme Déchaussé, Jérôme Gratien de Abdérète, auteur du *Tractado de la redencion de cautivos* déjà cité, dans l'office de visiteur des captifs pour deux ans (31 août 1600) (1). En effet, il pouvait mieux qu'un autre exercer ce pieux office, après en avoir si bien parlé.

Le résultat espéré fut obtenu en réalité; plus la piraterie devint régulière, pour ainsi dire, plus les religieux furent tolérés à Alger. Nous avons, sur toutes ces œuvres de charité, un livre inappréciable, la *Fundacion historica*, d'Antonio Silvestre, publiée à Madrid, en 1690, que la haute bienveillance du général de l'ordre des Trinitaires à Rome, le Père Grégoire de la Mère de Dieu, m'a permis d'étudier à loisir. Toutes les pages qui suivent seront empruntées en toute confiance à cet auteur, témoin impartial et éclairé des faits qu'il rapporte.

Aux environs de 1600, furent faites à Alger deux fondations utiles : les chapelles des

(1) *Les plus illustres captifs*, t. II, p. 224.

bagnes et l'hôpital d'Espagne. Tous les livres racontent que les bagnes étaient au nombre de cinq et que chacun avait sa chapelle et son hôpital. Mais ce qu'on ignore généralement, c'est que ces chapelles existaient dès avant 1595 ; chacune avait sa confrérie, dont les consuls des nations catholiques tenaient à honneur d'être les marguilliers. Comme de juste, le premier était le consul de France, qui fut d'abord un Trinitaire puis, après quelques intérimaires laïques, un Père de la Mission. Ce n'est qu'après 1665 que le consul de France ne fut plus jamais un religieux. — Le consul de Venise était marguillier de la seconde confrérie. Dès 1595, le service religieux était donc complètement assuré dans les bagnes et les Trinitaires faisaient gagner à tous les captifs les indulgences accordées par les papes. Parfois, il s'en présentait cinq cents à la fois.

Les Turcs ne voyaient aucun inconvénient aux pratiques religieuses de leurs esclaves, et c'est un des chapitres les plus curieux de l'œuvre d'Antonio Silvestre que le xxviie, intitulé : « Pourquoi les Turcs permettent que l'on dise la messe dans les pays de leur domination. » Primitivement, au temps où nous reportent les récits de Cervantès, les offices ne se célébraient qu'en cachette, et moyennant une contribution levée par le mezoüar ou bourreau ; encore des captifs se tenaient-ils à la porte, pour prévenir de toute alerte et repousser toute irruption de fanatiques armés. L'établissement licite des chapelles marqua un sérieux progrès, qui ne fut même pas le dernier opéré dans ce sens. Nous voyons, en effet, plus tard, dans une année de sécheresse, le Trinitaire Bernard de Monroy demander et obtenir la permission de faire une procession publique des captifs chrétiens pour obtenir de la pluie, qui tomba d'ailleurs, « sans que les musulmans en fussent reconnaissants aux chrétiens ». Il y avait deux motifs à la demi-tolérance des Turcs. D'abord, comme M. de Mans-Latrie l'a surabondamment prouvé, à part quelques explosions de fanatisme provoquées par l'état de guerre, les musulmans étaient bien moins anti-chrétiens qu'on ne croit d'ordinaire. Les plus raisonnables d'entre eux savaient qu'ils n'avaient rien à craindre de la propagande chrétienne et que l'Église interdisait à ses prêtres de prêcher contre le mahométisme (1). De plus, ils avaient remarqué que les captifs chrétiens étaient bien plus dociles et assidus au travail, quand ils remplissaient leurs devoirs religieux. Aussi l'on vit parfois des Turcs assister avec une tenue très décente aux cérémonies religieuses ; ils recouraient même à l'hôpital chrétien, n'ayant de tels établissements que pour les chiens et pour les pèlerins de la Mecque.

Cet hôpital est la plus belle œuvre des Trinitaires à Alger. Le Père de Monroy étant demeuré captif en 1609, un peu malgré lui, trouva dans ses loisirs forcés de quoi être utile à tous ses compagnons. Il fonda l'hôpital d'Espagne, ainsi nommé parce qu'il fut placé sous la sauvegarde du roi catholique, dont les armes furent peintes sur le portail, et dont l'administration appartint toujours à la province des Trinitaires de Castille. Un Père recevait le titre d'*administrateur ;* c'était, avec le vicaire apostolique français, le religieux le plus influent à Alger, et aussi le plus exposé, après celui-ci,

_____

(1) De là les jugements contradictoires portés sur Raymond Lulle, sur Pierre de la Conception et autres chrétiens téméraires.

aux vengeances du dey. La haine principale des Algériens avait changé de but, et les Français y étaient, au xviie siècle, plus exposés que les Espagnols. Si le Père administrateur ne put dérober à la mort le Père Le Vacher, et le Père Montmasson, au moins usa-t-il envers tous les Missionnaires et prêtres français qu'il put rencontrer de la plus ingénieuse charité, les cachant dans son jardin et payant aux Turcs tout ce qu'il fallait pour les garantir du supplice.

L'hôpital d'Espagne devint assez important pour compter cent-vingt lits, en 1720. C'est que la libéralité intelligente du Dey d'Alger, Chaban, lui assura des revenus importants, énumérés dans la charte de 1693, publiée dans le tome VIII de la *Revue Africaine*. Je relève seulement que l'hôpital d'Espagne percevait une taxe sur toutes les barques chrétiennes qui venaient faire le commerce à Alger et qu'il faisait entrer en franchise tout le vin qui lui était nécessaire.

Il avait à sa tête un *administrateur général*, avec deux autres Trinitaires, un médecin, un « boutiquier », c'est-à-dire un pharmacien, et des domestiques en nombre variable. Le médecin et le pharmacien touchaient des rétributions fixes. Les quatre autres hôpitaux des bagnes n'avaient qu'un chapelain et un médecin.

L'Administrateur payait vaillamment de sa personne; il faisait une inspection quotidienne. Le dévouement des religieux à leurs malades se prouve assez par le grand nombre de ceux qui furent victimes des épidémies de peste. — On soignait aussi les hérétiques à l'hôpital. En effet, dit son historien, les musulmans ne font pas de distinction entre les chrétiens au point de vue de la religion ; ensuite en soignant le corps, on a souvent l'occasion de sauver l'âme :

200 hérétiques se convertirent dans l'espace de sept ans, dont un Anglais, cousin de Cromwell. Antonio Silvestre, pour illustrer sa thèse, conte le fait suivant.

Un corsaire anglais allait piller un bateau qui apportait, de Barcelone, des lancettes pour saigner et autres provisions pharmaceutiques pour l'hôpital d'Espagne, mais deux matelots anglais qui avaient été soignés firent, à temps, remarquer au capitaine corsaire que le pillage porterait préjudice à quelques-uns de leurs compatriotes. Ayant reconnu le Père administrateur à bord du bateau espagnol, ils s'entretinrent affectueusement avec lui. Ce qui prouve, conclut Silvestre, qu'un bienfait n'est jamais perdu.

Les musulmans viennent aussi demander des consultations au médecin chrétien. Mais, quand il soigne un mahométan, il lui est recommandé de s'adjoindre un sorcier indigène ou marabout, dont les formulettes sont en vénération, afin que, si le malade meurt, le chrétien soit du moins à l'abri de toute insulte de la part de la famille du mort. Pour les Juifs, ajoute Silvestre, on ne fait point tant de façons.

Les fonctions de domestique, comme toutes les autres, sont remplies par des esclaves chrétiens, pour qui le Père administrateur paie à leur patron *la lune*, c'est-à-dire le gain d'un mois que celui-ci retirerait de leur travail. Ces esclaves sont vraiment privilégiés, car lorsque des rédempteurs arrivent, ils doivent être rachetés les premiers.

L'hôpital n'est que pour les hommes ; quant aux femmes, le médecin va les soigner au domicile de leurs patrons. Certains musulmans appréciaient si fort l'hôpital qu'ils y envoyaient un peu trop facilement leur esclave, celui-ci ne leur coûtant plus rien pendant le temps de son séjour là-bas.

Si le Père administrateur, entièrement con-finé dans son rôle charitable, avait peu d'occasions de s'attirer une *avanie* de la part des Turcs, au contraire le vicaire apostolique partageait avec le consul de France le peu enviable privilège d'être exposé aux pires insultes.

Saint Vincent de Paul, qui avait lui-même été captif à Alger, put voir tous les maux que souffraient les chrétiens. Aussi, quand il eut trouvé dans la duchesse d'Aiguillon, nièce de Richelieu, la plus dévouée des protectrices, s'empressa-t-il d'acheter le consulat d'Alger pour un Père de l'Ordre de la Mission, qu'il venait de fonder. Il faut avoir le courage de le dire, cet essai ne fut pas heureux. Le Père Barreau, par exemple, souvent hésitait entre ses devoirs de consul de France, protecteur du commerce, et des scrupules religieux, qui lui faisaient voir d'un mauvais œil certaines trans-actions utiles à des particuliers, mais qui pouvaient être préjudiciables aux chrétiens en général. La situation s'éclaircit lorsque le Père de la Mission ne retint que le titre de vicaire apostolique, qui faisait de lui le chef de toute la population catholique d'Alger.

Je ne mentionne ici les Lazaristes, dont les traits de charité mériteraient cependant une notice détaillée, qu'en raison des prescriptions de leur fondateur relativement aux captifs. Celui-ci se révèle dans ses lettres comme un autre saint Paul, par son esprit ferme, net et pratique. Il engage ses Missionnaires à être raisonnables dans leur charité, à ne jamais prêter d'argent aux esclaves, à ne point se porter caution pour eux, surtout à ne pas accepter le petit pécule des esclaves pour acquitter leurs

propres dettes plus vite. L'aventure du Père
Barreau menaçait en effet de tourner mal, car
les esclaves se repentirent de lui avoir sponta-
nément offert leur argent pour le tirer des fers;
et ils lui demandèrent leurs prêts avec menaces, si bien que le malheureux dut, pour les
désintéresser, faire des emprunts onéreux à des
juifs !

Tout le monde connaît l'héroïsme déployé
par le Père Le Vacher, qui fut mis à la bouche
d'un canon, et cela par suite de l'impéritie,
sinon la jalousie de l'amiral protestant Du-
quesne. Cette mort affreuse ne découragea pas
le zèle des vicaires apostoliques, puisque son
successeur Montmasson fut mis à mort en même
temps que le consul de France Piolle, lors de
l'expédition du maréchal d'Estrées (1688).

Au moins pour ceux-ci peut-on dire que
c'était le martyre auquel ils devaient s'attendre ; mais que penser de ces mauvais chrétiens, de ces déserteurs d'Oran, vrai rebut de la
terre, qui, en 1783, tramèrent contre le vicaire
apostolique, le consul et toute la nation française les plus horribles complots ? Le Père
Cosson r'échappa, par miracle, de ses treize
coups de poignard ; dès son rétablissement, il
alla à Versailles plaider la cause de ces égarés,
qu'il était interdit en principe de jamais racheter, et il fut assez heureux pour obtenir le rachat général effectué en 1785 par les deux ordres
réunis de la Trinité et de la Merci.

Cette rédemption doit nous inspirer deux
réflexions : jamais la valeur morale des captifs
n'était tombée aussi bas ; jamais non plus en
France on ne fit à des criminels une réception
aussi enthousiaste. Bien des honnêtes gens s'en
scandalisèrent. — La rédemption, on le voit,
était entièrement devenue *politique;* l'influence

de la cour de Versailles était à tel point pré-
pondérante, au détriment des rédempteurs, que
ceux-ci, qui fournirent seulement l'argent,
n'eurent même pas à paraître dans la négocia-
tion, elle fut conclue par M. de Kercy, consul
de France, et ils vinrent seulement à Marseille
pour recevoir les captifs. La Cour avait, de
plus, entièrement infirmé la thèse des rédempteurs, qui prétendaient racheter de préférence
les captifs originaires des pays fournissant le
plus d'aumônes ; elle avait décidé que les cha-
rités des fidèles serviraient pour les captifs de
n'importe quelle province du royaume. Si cette
thèse était plus libérale et plus vraiment *nationale* que celle des rédempteurs, elle pouvait
avoir pour effet immédiat de tarir la source des
aumônes ; la conséquence nécessaire de l'évo-
lution de la rédemption était d'en faire une
œuvre royale, et non plus un acte de charité
privée.

CHAPITRE VII

EXEMPLES D'HÉROÏSME DONNÉS PAR QUELQUES CAPTIFS

Au milieu du xviiie siècle, le Père Dan écrivit ces 160 notices réunies par le P. Calixte
sous le titre des *Plus illustres captifs*. Le même
auditeur, dans ses *Corsaires et Rédempteurs*, a
donné aussi de nombreux détails sur la captivité de quelques hommes célèbres. Beaucoup
de ces traits sur de courageux enfants qui refu-
sèrent d'apostasier, comme le jeune Sauveir, de

la Ciottat, âgé de quinze ans, qui fut mis en croix, sont racontés partout ; donc il est préférable d'insister sur quelques esclaves moins connus.

Cependant, un devoir de reconnaissance nous attirera vers le grand écrivain qui le premier montra dans des ouvrages de tout genre ce qu'était la captivité des chrétiens en Barbarie et qui rendit aux Trinitaires un des plus beaux témoignages de reconnaissance qu'ils aient jamais reçus. Si Philippe II avait écouté le valeureux soldat de Lépante, il aurait détruit la piraterie dans son centre deux siècles et demi avant l'expédition française de 1830. Le futur auteur de Don Quichotte fut vraiment la voix criant dans le désert, mais son indomptable héroïsme, son patriotisme éclairé, sa religion sincère lui assignent une place à part parmi les illustres captifs. De lui ou du *Prince Constant*, (l'infant Fernand du Portugal) mis à la scène par Calderon, on ne sait qui est le plus émouvant.

Si l'on descend au spirituel poète comique Regnard, on voit la différence des temps et des nations. L'Espagnol, longtemps opprimé par les Maures, garde sa haine nationale, qui ne fait qu'un avec sa foi, et cherche à être utile à ses compatriotes. Le Français s'amuse de tout, même de ses malheurs, et ne songe qu'à tirer de ses aventures un récit agréable. Au reste, à l'époque où se passent les événements racontés dans *La Provençale*, les conditions de la vie des captifs ont bien changé. Pour le ton général, le romancier se rencontre avec le véridique récit d'Emmanuel d'Aranda ; en théorie, les captifs ne sont pas trop maltraités, mais ils sont exposés à des alertes continuelles.

L'histoire des consuls de France nous en présente des exemples typiques ; le consul Durand, quoique fort apprécié, fut condamné à l'ignominie de porter des pierres pour la construction du Grand môle. Trois jours après, le dey, ayant honte de sa violence, lui rendit sa charge de consul.

Une autre fois, il avait renvoyé le consul par un bateau qui se rendait en France, et il eut la fantaisie de prendre un de ses esclaves pour en faire un consul. M. Martin, dans un *Discours de rentrée à la Cour d'Alger* (1900), remarque que ce choix de René Lemaire fut infiniment heureux et que peu de consuls sauvegardèrent les intérêts de la France avec plus de dignité. Cet homme de bien mourut dans la misère : ses appointements étaient mal payés par la trop économe Chambre « du » Commerce de Marseille, alors qu'il avait des frais énormes à supporter, à cause des présents, indispensables à Alger. Mais pour un esclave ainsi subitement élevé, combien étaient voués aux pires supplices.

En 1719, une petite fille d'une dizaine d'années donna un exemple de sang-froid extraordinaire. L'histoire de Mlle de Bourck se trouve partout, mais est digne d'être rappelée. Sa mère étant morte dans un naufrage, en vue des côtes de Barbarie, la petite jeune fille avait été capturée avec son oncle et un domestique. Elle avait assisté au pillage de tous ses bagages et avait vu arracher brutalement des bagues que sa mère portait aux doigts ; cependant, avec un courage au-dessus de son âge, elle réconfortait tout le monde, imposant le respect même aux musulmans, notamment à l'aga de Bône, qui voulait la garder pour la faire épouser plus tard à son fils. Elle eut l'adresse de faire passer une lettre à Denis Dusault, négociant français très apprécié en Barbarie, où il conclut un très grand nombre de traités de paix. Celui-ci lui envoya un sauf-conduit, grâce auquel Mlle de Bourck vint à Alger, en bravant les plus grandes fatigues, sans que jamais un mot de plainte fût sorti de sa bouche.

La jeune Grecque Constance Coliva ne montra pas moins de courage, malheureusement elle fut plus mal récompensée. Après qu'elle eut victorieusement résisté à toutes les tentatives d'un prince maure contre sa vertu, celui-ci, saisi d'admiration, consentit enfin à son rachat. Elle partit avec un Trinitaire, le Père Mérino, mais leur bateau fit naufrage en arrivant à Marseille et la jeune fille, échouant pour ainsi dire au port, n'échappa point à la mort.

Le noble souci de conserver leur vertu entraîna les captifs à des actions extrêmes. Les rédempteurs les ont loués avec d'autant plus d'enthousiasme que ces actions étaient aussi méritoires que dangereuses pour leurs auteurs, et remarquables par leur rareté, car le souci de la morale était souvent le dernier auquel les captifs pensaient. Il est triste de dire que ceux qui menaient la vie la plus dépravée gagnaient par cela même le plus rapidement l'argent de leur rançon. Mais un captif chrétien tuant son maître, même en état de légitime défense, risquait d'être brûlé vif. C'est ce qui arriva à un Portugais pendant le voyage du P. Philémon de la Motte, en 1720. Ce dernier supplice était d'ailleurs quotidien en Barbarie à l'égard des chrétiens. Un religieux avait eu le malheur, dans une ville alors assiégée par les chrétiens, de monter sur la terrasse de sa maison pour faire sécher du linge. Des musulmans qui l'aperçurent crurent de bonne foi peut-être, car leur ignorance était extrême, que ce religieux faisait des signes aux assiégeants. On commençait déjà à le lapider quand le consul de France eut le bonheur de rencontrer le dey et d'expliquer la méprise.

Ces incidents, qu'on appelait des *avanies*, étaient si fréquents qu'on n'y faisait presque plus attention. Les captifs étaient à tout instant exposés à se voir traîner au supplice ; rien que sur un faux bruit que les esclaves musulmans étaient maltraités en France ou en Espagne, les esclaves chrétiens étaient enchaînés ou battus.

Les plus malheureux de tous étaient les chevaliers de Malte. « Point de rachat pour ces caciques », disaient les Algériens. Leur hostilité persistante coutre les musulmans leur valait ce traitement exceptionnel. Ils faisaient trop de mal aux Barbaresques pour que ceux-ci pussent consentir facilement à s'en débarrasser, ou bien leur rachat était mis à un prix tellement exorbitant (10 à 20.000 livres), qu'il se trouvait rendu presque impossible.

Il faut dire cependant que certains chrétiens arrivaient, tout en gardant leur religion, à inspirer de l'estime aux musulmans eux-mêmes. L'éditeur de la correspondance du P. Batault a justement relevé ce fait que le dey appelait souvent ce missionnaire à son conseil et lui envoya son médecin dans sa dernière maladie.

Le vice-roi de Tripoli donnait un plus rare exemple, au dire du P. De la Faye ; il appelait sa mère une brave femme de Marseille qui avait été charitable à son égard, lorsqu'il était captif dans cette ville, il lui envoyait souvent des cadeaux, et il déclarait qu'il serait parfaitement heureux si elle venait finir sa vie auprès de lui.

De tous ces traits, nous devons conclure que bien des captifs chrétiens montrèrent une

grande constance en face des supplices, une
vraie persévérance dans leur foi, et que leur
fermeté dans ces cruels moments leur attira
l'admiration générale et lassa leurs bourreaux
eux-mêmes.

CONCLUSION

La Révolution française avait bien pu suppri-
mer-les ordres rédempteurs, comme les autres
ordres religieux, mais elle n'avait pas supprimé
la captivité des chrétiens. Les supplications des
Trinitaires à l'Assemblée Nationale « qui dési-
rait tout ce qui pouvait assurer la liberté » restèrent vaines ; la nation s'occupait de prendre
les biens du clergé, donc elle n'avait pas le
temps de penser aux captifs. Mais elle ne mit
pas fin non plus à la charité des religieux ; jusqu'à l'époque du Consulat, le vicaire apostolique et les Trinitaires de l'hôpital d'Espagne
restèrent en présence, sans être fort encouragés
par l agent consulaire français, à qui il était interdit de les protéger.

Napoléon songea aux captifs et envoya le
prince Jérôme, son frère, racheter cent cin-
quante d'entre eux, notamment des Corses. Il
réprima avec une grande vigueur les pirateries
des Barbaresques ; rien qu'une lettre de celui
qui faisait trembler l'Europe fit rendre la liberté
à de nombreux captifs. Arago eut alors l'occasion de préférer de beaucoup le bagne d'Alger
aux pontons espagnols. Tant que Napoléon
régna, les Français furent respectés à Alger.

Mais la chute de l'Empereur amena une re
crudescence des pirateries barbaresques, à tel
point que la nécessité d'une nouvelle leçon à
donner aux Algériens apparut clairement. L'An-
gleterre parut alors qualifiée pour tenir le dra-
peau de la civilisation. Un bombardement meur-
trier fut dirigé contre Alger par l'escadre de
lord Exmouth ; pendant ce temps, les esclaves,
dont l'un, nommé Dumont, a retracé les terri-
bles aventures, avaient été conduits dans une
caverne. Furieux de l'expédition des chrétiens,
le dey avait donné l'ordre de massacrer
un à un tous les esclaves, tant la sauvagerie
musulmane peut se réveiller en n'importe
quel siècle ! On appela donc les captifs en leur
disant : *Vous êtes libres* ! et à mesure qu'ils sor-
taient de la caverne, on les fusillait à bout portant ! Une quinzaine avaient déjà péri quand un
musulman moins féroce que les autres fit remarquer au dey la mauvaise position où il se
mettait et l'ordre barbare fut révoqué. Lord
Exmouth emmena plusieurs centaines de captifs (août 1816). On lui reprocha d'avoir traité
avec les corsaires comme avec un pays indé-
pendant et de n'avoir pas imposé au gouvernement algérien la fin de la piraterie.

Cet honneur était réservé à la France. Le pro-
videntiel coup de chasse-mouche donné par le
dey Hussein au consul français Deval, à l'occasion de la créance des Juifs Bacri et Busnach,
vérifia une fois de plus l'adage que les Juifs dé-
cident de tout à Alger, de la paix ou de la
guerre. Cette fois, notre décision fut énergique
et prompte, et une quinzaine de jours suffit à
l'armée française pour anéantir ce repaire de
bandits qui faisait trembler l'Europe depuis
plusieurs siècles. Nos troupes trouvèrent 1.400
captifs au bagne, et parmi eux le P. Gervasio,

Trinitaire, qui était auprès d'eux depuis trente-cinq ans, et qui put se féliciter de voir la bravoure française mettre fin à une pacifique mission qu'avait fondée la charité française un peu plus de cinq cents ans auparavant.

Est-ce à dire qu'il n'y eût plus rien à faire ? La suppression de la course à Tunis fut imposée au bey ; celle de Tripoli n'avait jamais eu d'importance. Il est un coin de la terre barbaresque où ces déplorables pratiques subsistent encore ; c'est, comme on pouvait s'y attendre, le Maroc, resté jusqu'ici obstinément fermé à l'ingérence européenne. Les pirates du Riff, contrée montagneuse située aux environs de Tetuan, ont nécessité des expéditions espagnoles qui n'ont point eu de résultat définitif ; ils font parler d'eux pendant cette année même (1); sans doute ils fourniraient encore pour quelque temps un champ d'activité à la charité des Trinitaires.

Mais, depuis un demi-siècle, les représentants de cet ordre antique, groupés autour de Rome et appartenant à la Congrégation Déchaussée fondée par Jean-Baptiste de la Conception, tournent leurs yeux d'un autre côté. Un prêtre génois, Olivieri, y a beaucoup contribué. Il s'agissait d'exécuter désormais la seconde partie de la vision de Saint-Jean de Matha en faisant, pour les esclaves noirs, ce que l'on avait fait jusqu'alors pour les seuls chrétiens. Olivieri accomplit alors des rachats de jeunes négresses en Afrique (2).

C'est un but analogué que poursuivit le cardinal Lavigerie en fondant ses Pères Blancs. L'ordre rédempteur trouverait un aliment nou-

(1) Nous avons au Père-Lachaise, à Paris, la tombe d'un petit mousse, Paul Peinen, mort, en 1898, captif chez les Riffains.

(2) L'*Arbor chronologica ordinis S. Trinitatis*, publié à Rome, en 1894, en fait mention.

veau à une ardeur qui s'éteint, par suite de l'ex-
tension de la civilisation chrétienne, en se fondant ou en s'unissant étroitement tant avec les
Pères de la Merci qu'avec l'ordre anti-esclava-
giste. S'adapter au temps est une preuve de force
et l'Église a donné assez d'exemples de sou-
plesse pour que nous puissions espérer qu'elle
trouvera un moyen d'infuser un sang nouveau à
cet ordre vénérable par ses services.

Au terme de cette étude, il serait difficile de
résumer en quelques lignes la reconnaissance
que l'on doit aux ordres rédempteurs. Voltaire,
qui était plus impartial qu'on ne le croit d'ordinaire, les a qualifiés d'*héroïques* dans son *Essai
sur les mœurs* et ce n'est pas dans sa bouche un
mince éloge. Trinitaires, Pères de la Merci, Franciscains, Lazaristes, Jésuites, Carmes, de toute
nation n'ont rivalisé que de charité, soit dans le
rachat des captifs, soit dans les soins à leur donner au moment des nombreuses épidémies de
peste qui ont dévasté les pays barbaresques.
Leurs martyrs morts à l'hôpital sont aussi esti-
mables que ceux qui ont été brûlés ou mis en
croix par les musulmans. Enfin leur zèle con-
tinu pendant plusieurs siècles a porté au plus
haut point le prestige de la religion chrétienne
et a fait plus que toutes les expéditions armées
et souvent incohérentes de l'Europe divisée et
égoïste. La charité a préparé par les armes ; au
tour de la charité maintenant à consolider ce
que la guerre nous a donné.

BIBLIOGRAPHIE

Les documents inédits sont moins nombreux qu'on ne serait porté à le croire. Le sujet du rachat des captifs ayant eu, pour les gens du xviie et du xviiie siècle, un intérêt que la disparition de la piraterie ne nous permet heureusement plus de comprendre, presque tout ce qui en valait la peine a été aussitôt imprimé. Il faut citer cependant les *Archives de la Marine*, de Paris et de Marseille, celles de la Chambe de commerce de cette ville, et les *Archives* du Ministère des Affaires étrangères, où il est souvent question des actions d'éclat des ordres rédempteurs. Le manuscrit français 6236 des nouvelles acquisitions de la Bibliothèque Nationale renferme le récit d'une rédemption opérée au Maroc, en 1765, par les ordres réunis de la Trinité et de la Merci.

Parmi les ouvrages imprimés, je ne veux signaler que ceux d'un intérêt capital, les récits ultra-connus de rédemption étant faciles à trouver dans les catalogues de l'*Histoire de France* et de l'*Histoire d'Afrique* à la Bibliothèque Nationale.

I. — Ouvrages trinitaires traitant uniquement de la rédemption.

BERNARDIN DE SAINT-ANTOINE, Trinitaire de Portugal, *Epitome omnium redemptionum captivorum quæ a fratribus sanctæ Trinitatis sunt factae* Lisbonne, 1624, in-12.

Ce livre est consciencieux et plein d'intérêt surtout pour les provinces d'Espagne et de Portugal de l'*ordre des Trinitaires*. Comme ces pays, longtemps occupés par

les musulmans, avaient beaucoup de raisons d'hostilité
contre ceux-ci, les rédemptions espagnoles étaient les
plus fréquentes et les plus difficiles de toutes.

RAPHAEL DE SAN JUAN, *De la redencion de cautivos*,
Madrid, 1686, in-folio.

Le titre de ce livre ferait espérer le volume fondamental pour le sujet qui nous occupe. Malheureusement,
l'auteur a trop cédé à son goût pour la polémique contre
les Pères de la Merci. Aussi, pour notre instruction, les
trois articles de H. D. de Grammont sur la Rédemption
sont-ils plus importants. Ils ont paru dans la *Revue africaine*, sous ces titres, I, *La course*; — II, *L'esclavage*; —
III, *La Rédemption*.

Voici une très estimable compilation.

P. CALIXTE DE LA PROVIDENCE, *Corsaires et Rédempteurs*, Lille, 1886; résumé clair et intéressant des principaux voyages de rédemption faits au xvii° et au
xviii° siècle, et détails sur l'esclavage et la piraterie em-
pruntés au P. Dan, dont il va être question. Ce livre
étant facile à rencontrer, j'y renvoie pour les détails des
supplices infligés aux chrétiens.

P. DAN, Trinitaire, *Histoire de Barbarie*, 1637, in-folio;
1649, 2° édition.

Ce religieux était ministre ou supérieur du couvent de
Fontainebleau. Il avait fait, en 1635, un voyage de rédemption dont il profita pour faire l'enquête approfondie,
révélée par son bel ouvrage qui est fondamental pour
l'histoire de l'Algérie jusqu'à 1630.

Le même avait laissé inédits les *Plus Illustres Captifs*,
biographies d'un grand nombre de personnages qui ont
vécu jusque vers 1630. Ce manuscrit de la Bibliothèque
Mazarine, qui reflète la candeur et l'impartialité de l'auteur, a été publié en 1892 par le P. Calixte de la Providence, comme il a déjà été dit.

SILVESTRE (Antonio) *Fundacion historica de los hospitales
que la religion de la santissima Trinidad tiene en Argel*,
Madrid, 1690, in-12.

Ce livre est un des plus beaux que l'on doive aux Trinitaires. L'auteur, qui était administrateur général de l'hôpital d'Espagne, a recueilli ses renseignements de première main, et il a fait preuve d'un rare esprit critique et d'impartialité, autant que d'idées vraiment nobles et généreuses.

II. — Ouvrages non trinitaires.

GERONIMO GRACIAN DE LA MADRE DE DIOS, Carme déchaussé, *Tractado de la redencion de captivos* (Rome, 1597). Ce petit traité de quelques pages est du plus haut intérêt. Si l'on avait suivi le conseil de l'auteur, d'occuper solidement l'île de Tabarka, peut-être eût-on évité à l'Europe chrétienne la plupart des maux de la piraterie musulmane. Mais la désunion entre les nations européennes ne permit pas la réalisation de ces excellents projets.

HAEDO (Diègo de) *Topographica historica de Argel*, Valladolid, 1612, in folio.
Ce vénérable personnage avait été, entre 1576 et 1580, le compagnon de captivité de Cervantès. Une des parties de son grand ouvrage est consacrée aux captifs; le plus saisissant de ces chapitres est le Dialogue sur les martyrs. Son interlocuteur est le dominicain Sosa. Les ouvrages de Cervantès, analysés par Michel Charles, sont un commentaire éloquent du vieil annaliste.

ARANDA (Emmanuel d'), *Relation de sa captivité*, rééditée plusieurs fois.
Le contraste est étrange entre cet ouvrage et le précédent. Le ton est celui d'une ironie perpétuelle. Entre 1640 et 1660, c'était, en effet, la période la plus calme pour les chrétiens, aucune nation n'était alors en guerre ouverte avec les musulmans. Ces amusantes histoires ont été reprises par Berbrugger dans la *Revue africaine* qui se publie à Alger depuis une cinquantaine d'années et qui nous a donné un grand nombre de documents relatifs aux esclaves chrétiens.

François d'Angers (le R P.), *L'histoire de la Mission des Pères Capucins au Maroc* (1624-1636), réimprimé par les soins du P. Apollinaire de Valence, Rome, 1888.

Ces religieux furent les auxiliaires du commandeur de Razilly et de M. du Chalard dans leurs négociations avec la cour du Maroc. Les Capucins eurent à Tunis des missions plus durables.

Annales de la Congrégation de la Mission, Paris, 1863-65, 3 vol. in-8°.

C'est, par biographies des missionnaires, la chronique au jour le jour de la communauté des Lazaristes ou Pères de la Mission d'Alger et de Tunis.

Ledermann (Emile), *Les frères de Notre-Dame de la Merci et la Rédemption des captifs*, Paris, 1898, in-8°.

C'est une thèse très soignée présentée à la Faculté de théologie protestante de Paris, écrite avec beaucoup d'impartialité.

III. — Ouvrages généraux sur la Barbarie.

Plantet (Eugène), *Correspondance des deys d'Alger avec la cour de France.* — Du même, *Correspondance des beys de Tunis avec la cour de France.*

Ces volumes précieux sont précédés d'une introduction historique très développée. Leur érudit auteur a été attaché au Ministère des Affaires étrangères et a connu par lui-même les documents les plus importants de nos divers ministères et aussi des Chambres de commerce. L'annotation y est abondante et sûre. Les conseils de M. Plantet m'ont été très précieux, et je suis heureux de l'en remercier. Je me permettrai d'exprimer le regret que des recueils analogues n'existent pas encore pour le Maroc et pour Tripoli.

H. D. de Grammont, *Alger, de 1515 à 1789. Correspondance des consuls de France*, etc.

FAGNAN, *Alger au* XVIIIe *siècle*, d'après Venture de Paradis.

Ces excellents collaborateurs de la *Revue africaine*, tout en peignant au vif la véritable condition des esclaves et les obstacles que les religieux avaient à surmonter pour parvenir à leur rachat, ont, en somme, repris les idées exprimées par Laugier de Tassy, historien des États barbaresques au XVIIIe siècle, et nous ont conseillé d'éviter toute exagération dans l'étude de la rédemption.

FIN

TABLE DES MATIÈRES

FIN DE LA TABLE

SAINT-AMAND (CHER). — IMPRIMERIE BUSSIÈRE